l'Esprit de Dauid.
Domine Saluum fac Regem, et exaudi
nos in Die qua inuocauerimus te.
Seigneur sauue le Roy, qu'une tête si chere
Se conserue sous ton appuy.
Et quand nous t'inuoquons exauce une priere
Que nous t'offrons pour luy

EXAUDIAT,

PSEAUME XIX.

PARAPHRAZE' EN SONNETS

AVEC

DES REFLEXIONS.

Par M[r] *LE NOBLE.*

A PARIS,
Chez GUILLAUME DE LUYNES, dans la Galerie du Palais, à la Juſtice.
ET
Chez PIERRE RIBOU, ſur le Quay des Auguſtins, à l'Image S. Louïs.

M. DC. XCIX.

AVEC PRIVILEGE DU ROY.

ARGUMENT.

DAVID composa ce Pseaume pour être chanté par ceux qui l'assistoient aux deux Sacrifices qu'il ofrit à Dieu, avant que de partir de Jerusalem pour aller combatre les Ammonites, qui avoient tiré de la Syrie & de la Mesopotamie, une puissante Armée de Cavalerie & de Chariots armez comme on le voit dans le 19. Chapitre du premier des Paralipomenes. De ces deux Sacrifices qu'il ofrit, l'un étoit particulier, dans lequel on employoit la farine, le pain, l'huile, le vin, & l'encens, & c'est ce que le 3e. Verset apelle du nom de Sacrifice, parce que c'étoit celuy pour David en particulier. Mais l'autre qui étoit le Sacrifice en public ofert pour le salut du peuple, c'étoit l'holocauste qui s'ofroit toûjours avant que d'entamer une guerre, comme on le voit *dans le 13. Chapitre du premier des Rois. Et voila pourquoy dans le même Verſet il eſt parlé de Sacrifice & d'Holocauſte. Or quoy que ce Pſeaume ſe chante au nom du peuple en faveur du Roy, ce n'eſt pas une raiſon pour n'en pas atribuer à David la compoſition, comme fait Kimchius qui l'atribuë par cette ſeule conſidération à un Chantre particulier, mais c'eſt avec raiſon qu'on ſe ſert de ce Pſeaume pour en faire la priere pour les Rois, & principalement lors qu'ils ſe trouvent expoſez dans quelque Guerre dangereuſe*

Ire. REFLEXION.

PLus les Rois ſont elevez au deſſus des autres hommes, plus ils ſont expoſez à l'amertume des tribulations. Comme Rois leur caractere auguſte rend leur gloire & en même-tems leurs peines inſeparables de celles de l'Etat, & la vigilance du gouvernement leur fait partager les aflictions publiques, & comme hommes ils ont encore leurs tribulations particulieres qui naiſſent des ſentimens de la nature. David fut un Roy choiſi de Dieu ſelon ſon cœur, & comme l'un des principaux objets de ſa tendreſſe, il en fit un vaze d'Election comblé de l'abondance de ſes graces, & ſouvent il ſe propoſe luy-même comme la figure du Meſſie atendu pour le ſalut des nations; cependant que d'aflictions, & comme Roy & comme homme, que de guerres étrangeres & inteſtines, quelles peintures ne fait il point des peines qu'il ſoufre. Mais la grace acordée à la confiance qu'il eut toûjours en Dieu, le rendit victorieux des tribulations publiques & de ſes peines particulieres. C'eſt donc à Dieu ſeul qu'on doit recourir dans les aflictions. Mais il faut y recourir avec une confiance certaine que l'ombre de ſon nom eſt un azile impénétrable.

I

Exaudiat te Dominus in die tribulationis, protegat te nomen Dei Jacob.

SONNET.

GRand Roy que l'Eternel formant à ſon Image,
A choiſi pour le Chef d'un peuple glorieux,
Vous qui d'un cœur ſincére & d'un zele pieux,
Rendez au Roy des Rois un ſi fidéle homage.

Que toûjours prez de vous dans le fort de l'Orage,
Senſible à vos ſoupirs il éxauce vos vœux,
Que ſur vous atachant ſes favorables yeux
De vos afictions ſa bonté vous dégage.

Que contre tous perils dans l'ardeur des combats,
Il méte vôtre tête à l'abri de ſon bras
Et vous couvre par tout de ſon ombre adorable.

Du grand Dieu de Jacob à qui tout eſt ſoumis
Que le terrible nom, que ce nom redoutable
Vous ſerve de rempart contre vos ennemis.

IIe. REFLEXION.

L'On ne peut être tiré d'un péril que par une puissance superieure à ce péril, ainsi quand les hommes nous afligent ce n'est pas des hommes qui ne sont en eux-mêmes que féblesse qu'il faut atendre la fin de céte afliction, mais c'est de Dieu qui est au dessus de l'homme. C'est du Ciel, c'est du Thrône saint de l'Eternel que partent la force & la vertu, c'est delà que décendent les seuls secours dans lesquels nous devons metre nôtre confiance. Olopherne assiége Bétulie, la vertu de Dieu décend du Ciel, & entre dans le bras de Judith, & la rend l'instrument du salut d'un peuple afligé. Sennachérib est prez de détruire Jerusalem, Ezechias ne luy opose point ses forces humaines, mais Dieu fait décendre du pié de son Thrône un Ange armé qui dans une seule nuit extermine une puissante Armée. Toute confiance fondée sur des secours qui ne sont que terrestres & mortels, ne peut être solide : il n'y a que l'apuy de Dieu dont le succez soit infaillible, il n'y a que la protection qui décend de Sion qui puisse sauver Jerusalem, & si Dieu n'édifie la maison, s'il ne garde luy-même la Ville, c'est en vain que la main de l'homme travaille à son édification & à sa défense.

2

Mittat tibi auxilium de sancto, & de Sion tueatur te.

SONNET.

SUr de mortels apuys c'eſt en vain qu'on ſe fonde,
Dieu ſeul de ſes regars baiſſant ſur nous les traits
Tient l'Univers ſoumis à ſes juſtes Decrets,
Et luy ſeul eſt le maître & l'arbitre du monde.

Que de ſon Thrône ſaint ſa ſageſſe profonde
D'un ſuccez glorieux courone vos projets,
Que promt à vos beſoins ſes ſolides bien-faits
Vous ouvrent de ſa grace une ſource féconde.

Que ſon aide acordée à vos vœux écoutez
Vous face reſſentir ſes prodigues bontez,
De leurs torrens ſur vous qu'il verſe l'abondance.

Que du Montde Sion ſes ſecours décendus
En tous tems, contre tous, prennent vôtre défence,
Et que vos ennemis en reſtent confondus.

IIIe. REFLEXION.

DIeu ne se contente pas d'oublier les Sacrifices des impies, mais il dit lui-même que leurs victimes luy sont execrables, & s'il s'en souvient c'est pour les avoir en abomination, il n'y a donc que le Sacrifice du fidéle qui plaise à Dieu. Il n'y a que les victimes qui luy sont ofertes par des mains innocentes, dont il ait un souvenir favorable. Mais ce Sacrifice qu'il demande de nous, ce ne sont point les Taureaux & les Brebis immolées sur les Autels, c'est le cœur humilié & qui se conduit dans la rectitude. La priere orgueilleuse du Pharisien n'est écoutée de Dieu que pour en être condamnée, mais le Publicain luy ofre une victime grasse dans son cœur contrit. Quand les fidéles disent à David qu'ils souhaitent que Dieu conserve la mémoire de son Sacrifice, qu'est-ce que c'étoit que ce Sacrifice particulier de David qui précéde l'holocauste dont il est ensuite parlé. C'étoit celuy de son cœur. C'est donc le cœur qu'il faut comancer de sacrifier à Dieu, si nous voulons que l'holocauste soit agreable, sans ce cœur immolé nos prieres ne peuvent être écoutées, & Dieu ne conservera point la mémoire de nos Sacrifices.

Memor ſit omnis ſacrificii tui, & holocauſtum tuum pingue fiat.

SONNET.

PLein du zele brulant dont le feu vous anime
Il vous voit d'un cœur humble aux piez de ſes [Autels
Implorer de ſon bras les ſecours immortels
Et rendre à ſa gradeur un tribut legitime.

Que ce cœur à ſes piez immolé pour victime
Soit ſans ceſſe préſent à ſes yeux éternels,
Ce ne ſont que les vœux des coupables mortels
Qui d'un funeſte oubli craignent l'afreux abime.

Qu'il ne perde donc point le tendre ſouvenir
Du Sacrifice pur que vous allez ofrir,
Qu'il en garde à jamais l'agréable mémoire

Que par ſes feux Divins ateint & dévoré
Vôtre holocauſte ſoit d'une entiere victoire
Et l'augure propice, & le gage aſſuré.

IV. REFLEXION.

DIeu nous a comandé la priere & veut être prié, il nous a même promis de nous acorder ce que nous luy demanderions. *Demandez & vous recevrez.* Ce sont ses paroles, mais combien les hommes luy font-ils de demandes qui ne sont point écoutées, non pas que l'oreille de Dieu ne soit toûjours ouverte, mais par le défaut de la rectitude dans la priere. Dieu ne nous donne ce qui est selon nôtre cœur que quand ce que nous luy demandons est selon le sien. *Ce que vous demanderez au Pere au nom du Fils il vous l'acordera.* Mais peut on demander au nom du fils ce qui est oposé aux préceptes du fils, n'imputons donc le rebut qu'il fait de nos prieres qu'au défaut de la rectitude de nos desirs. Demandons ce qui est juste nous l'obtiendrons : mais c'est insulter celuy qui peut donner que de luy demander comme les hommes font souvent à Dieu ou ce qui l'ofence ou ce qui est un moyen de l'ofenser. Ce refus ne repugne point à sa promesse, puisque céte promesse supose l'équité de la demande. Et c'est par céte raison que la priére que le Sauveur nous a luy-même donée comance par une entiere soumission à sa volonté parce que ce qui est contre sa volonté ne peut être exaucé.

Tribuat tibi ſecundum cor tuum, & omne consilium tuum confirmet.

SONNET.

QU'il préte à vos beſoins l'aide qu'il apromiſe
Quand un cœur ne conçoit que des vœux épu-
[rez
Vous n'en formez jamais qui ne ſoient meſurez
Sur la Loy qui les régle & qui les authorize.

Ne voit-il pas vôtre ame uniquement ſoumiſe
A l'exacte rigueur de ſes ordres ſacrez,
Qu'il vous acorde donc ſes ſecours implorez
Et qu'en tous vos projets ſon bras vous favoriſe,

Que vos conſeils guidés par ſon Eſprit Divin
De l'Equité jamais ne quitent le Chemin,
Qu'il leur done à la fois ſa force & ſa ſageſſe.

La lumiere du monde eſt une ſombre nuit,
Toute prudence humaine eſt erreur & fébleſſe
Et conduit à la mort ſi Dieu ne la conduit.

V^e. REFLEXION.

DAvid confond ſouvent le ſalut avec la victoire, & ſe ſert de l'un des termes pour exprimer l'autre. C'eſt pour nous aprendre que l'homme eſt expoſé à un combat perpetuel, & que ſon ſalut conſiſte dans la victoire qu'il remporte dans ces combats. Mais quand nous ſommes dans la joie du triomfe à qui devons nous en atribuer la gloire; eſt-ce à nôtre propre force? Nous ne ſommes que fébleſſe, que fragilité, & incapables de nous garantir par nous mêmes de ſucomber ſous l'ataque de nos ennemis. C'eſt donc à Dieu ſeul à qui nous devons en doner la gloire, c'eſt à la force dont il nous a ſoutenus, c'eſt à ſa grace dont il nous a prété le ſecours. C'eſt ſon nom terrible qui nous a rendus victorieux, & c'eſt en luy ſeul que nous devons nous glorifier. Toute gloire qui n'eſt pas en Dieu eſt orgueil & tout orgueil eſt fébleſſe, & quand Dieu ſe nomme un Dieu jaloux il ne l'eſt que de l'orgueil des hommes. Plus ils reconnoiſſent aux piez de Dieu leur neant plus il les reléve par une abondante profuſion de ſes graces, mais plus un homme prend en ſoy-même une confiance ſuperbe plus Dieu ſe plaît à terraſſer ſon orgueil.

5

Letabimur in salutari tuo, & in nomine Dei nostri magnificabimur.

SONNET.

QUand son divin secours remplissant nôtre [atente
Vous aura par ses soins rendu victorieux
Et sauvé des Complots de ces audacieux
Qui n'arment contre vous qu'une haine impuissante.

Dans les justes transpors d'une joye éclatante
Plus son bras éternel vous rendra glorieux
Plus nos hymnes sacrez s'élevant jusqu'aux Cieux
Marqueront à quel point nôtre ame en est contente

On sçaura que luy seul vous aura défendu,
Qu'à sa seule bonté le triomphe en est dû,
Qu'il en faut à son nom rendre toute la gloire.

C'est Dieu seul, dirons-nous, c'est son unique apuy
Qui done à ce grand Roy céte Illustre Victoire
Et ce grand Roy ne craint & n'adore que luy.

VIe REFLEXION.

DAvid nous marque d'une maniere admirable la certitude qu'il avoit du ſuccez de ſa confiance dans le ſecours de Dieu. Lors que dans le même-temps qu'il demande ce ſecours il chante ſa victoire, & publie qu'il conoît que Dieu la ſauvé. Il fait demander par ſon peuple que Dieu rempliſſe tous ſes deſirs, & dans le même inſtant il veut que ce peuple ſe récrie que Dieu a doné la victoire à ſon Roy. Quelle foy merveilleuſe, quel efet ſoudain de ſa confiance, & qu'elle doit flater les fideles qui trompez par les hommes tournent toute leur eſperance du côté de Dieu. David afligé demande ſon aſſiſtance, & Dieu ouvre en même-tems tous les tréſors de ſa grace pour en répandre ſur luy les torrens. Il demande & il obtient, la ſincerité de ſa foy excite la promptitude de la Grace, la pureté de ſes intentions fait le ſuccez de ſa priére, & Dieu veut ce que deſire David parce que David ne deſire que ce que Dieu veut. Mais en même-tems conſiderons que le Prophéte ne dit pas Dieu a ſauvé David mais Dieu a ſauvé ſon Chriſt, pour nous marquer le ſoin qu'il prend des Rois qui luy ſont particulierement conſacrez.

impleat Dominus omnes petitiones tuas, nunc cognovi quoniam salvum fecit Dominus Christum suum.

SONNET.

Que touché de l'odeur de vôtre sacrifice,
Sa grace ouvre pour vous ses trésors merveil-
[leux
Que ce Dieu satisfait de vos sinceres vœux,
Ne méte point de borne à sa bonté propice.

Que sa tendresse unie aux traits de sa justice
A vos pieux desirs done un succez heureux
Quoy que vous demandiez à son cœur amoureux
Qu'enfin vôtre souhait de tout point s'acomplisse.

Ouy je n'en doute point, je le sçais, je le voy,
De tous ses ennemis Dieu sauvera mon Roy,
Son Christ aura sur tous une victoire entiere.

Cet Oint sur qui la grace a fondé nôtre espoir,
Cet Oint qu'à tous les Rois sa sagesse préfére
Verra tout l'univers soumis à son pouvoir.

VII. REFLEXION.

TOute la puiſſance des hommes eſt dans les mains de Dieu, elle n'agit que comme ſubordonée à la ſienne, & autant qu'il le veut ſelon les veuës de ſa providence, ou pour éprouver le juſte, ou pour chatier le pécheur. *Mon ſort eſt entre vos mains*, diſoit David à Dieu dans le tems d'une cruelle perſecution ; & il dit icy que Dieu tient dans ſa droite le ſalut des Potentats. Ce ſalut luy eſt cher, ceux qu'il diſtingue par un caractere éminent luy ſont toujours précieux puiſqu'ils ſont ſur la terre les Miniſtres de ſa juſtice & de ſa clemence, & les images vivantes de ſa Divinité, ils tiennent une eſpéce de milieu entre Dieu & les hommes, ils partagent l'indépendance de l'un à l'égard de ceux qui leur ſont ſoumis, & la dépendance des autres à l'égard de l'être ſouverainement indépendant. Ainſi leur gloire étant tirée de leur ſuperiorité, elle conſiſte dans la conformité de l'execution de leur puiſſance aux regles que Dieu obſerve luy-même dans l'execution de la ſienne, autant que la nature humaine ſe peut conformer à l'Etre Eternel. D'où naît que le reſpect qui leur eſt dû eſt de droit Divin, & qu'aucune raiſon ne peut autoriſer un ſujet à l'enfraindre.

Exaudiet

7 *Exaudiet illum de Cœlo ſancto ſuo, in potentatibus ſalus dextera ejus.*

SONNET.

QU'il eſt doux d'invoquer un Dieu dont la Sageſſe
Atachant ſes regards ſur nos ſecrets beſoins,
Les conoît mieux que nous, les prévient par ſes ſoins,
Et d'une forte main ſoutient nôtre fébleſſe.

Que peut à vos ſoupirs refuſer ſa tendreſſe,
Vos deſirs exaucez en ſeront les témoins,
Et les heureux éfets ſe verront bien-tôt joints
A l'infaillible foy de ſa ſainte promeſſe.

Vous le verrez du haut de ſon trône ſacré
Contre vos ennemis tourner à vôtre gré
Le ſuccez d'une guerre & douteuſe & terrible.

C'eſt aſſés qu'il ordone, il faut ſuivre ſes Lois
Et ſa puiſſance tient dans ſa droite invincible
Et le ſort de la terre, & le ſalut des Rois.

VIIIe. REFLEXION.

LEs forces humaines sont les instrumens dont la puissance de Dieu se sert pour l'execution de ses desseins, parce qu'il laisse le cours à la nature lors que les Conjonctures ne demandent pas un miracle pour confondre l'orgueil humain. Il n'envoye pas toûjours des Anges pour détruire une armée d'Assyriens, mais lors qu'il veut toute céte puissance de la terre est anéantie devant la sienne. Il n'employe pas des armées pour abatre l'orgueil de Pharaon; les Grenouilles, les Moucherons, & les tenebres, luy sufisent pour montrer à ce Roy quelle est la vertu du doit de Dieu. Si Dieu est pour nous c'est en vain que toute la force de la terre nous ataquera, mais si Dieu est contre nous, nos armées florissantes periront avec nous dans les abimes de la mer rouge, tandis que l'innocent échapera à nôtre poursuite. Il ne faut donc point borner sa confiance à la grandeur humaine dont tout l'éclat n'est qu'une vapeur qui s'évanoüit auprés de la grandeur de Dieu. Mais c'est dans la protection de ce Dieu que le fidele doit mettre toute sa confiance puisque c'est céte unique protection qui peut faire sa force & sa vertu.

8

Hi in curribus & hi in equis, nos autem in nomine Domini Dei noſtri invocabimus.

SONNET.

QUi met ſa confiance en ſa force mortelle
Voit fondre ſon eſpoir avec ſa vanité,
Elle n'eſt qu'impuiſſance & que fragilité
Et l'on court à ſa perte en s'apuyant ſur elle.

De leurs terribles chars l'ordonnance cruelle
Fait de nos ennemis l'arrogante fierté
D'autres dans leurs Chevaux métent leur ſureté
Mais que c'eſt ſe flater d'un ſecours infidéle.

Pour nous nous n'invoquons que le nom du Seigneur,
De luy nous atendons nôtre unique bonheur,
En luy ſeul nous métons toute nôtre eſperance.

Sa force confondra leur orgueil abatu,
Et vaincus ils verront qu'il n'eſt point de puiſſance
Qui de ce Nom ſacré balance la vertu.

IXe. REFLEXION.

QUelle diference de celuy qui apuye son orgueil sur les forces de la terre, & de celuy dont la féblesse met en Dieu sa confiance. Le superbe est vaincu; il tombe avec toute sa vanité, il périt dans les chaines dont il est lié, & tout l'éclat dont il étoit environné ne sert qu'à augmenter sa honte. Le féble au contraire sent tous les jours redoubler sa force & son courage par céte heureuse confiance qui ne le trompe point, & céte confiance le fait triomfer de l'arrogance de son ennemi. Mais quelles sont ces chesnes dont le superbe est lié, c'est son atache à la terre dont il fait son unique objet, c'est cét atache qui le rend l'esclave de son ambition, & qui l'empêche de lever les yeux au Ciel pour y reconoître un Dieu dans la main duquel tout l'univers n'est que comme un grain de poussiére, & qui d'un soufle peut renverser tout le monde. Ne savez-vous pas, dit le Sauveur à Saint Pierre, *que si je voulois je n'aurois qu'à demander a mon Pere & il m'enverroit des légions d'Anges.* Que céte parole est heureuse pour fortifier nôtre confiance en Dieu contre les puissances de la terre.

9

Ipsi obligati sunt & ceciderunt, nos autem surreximus & erecti sumus.

SONNET.

OU fuiront-ils de Dieu la ſevere menace,
Acablez ſous les fers dont ils ſeront liez
Vous les verrez tomber confus, humiliez,
Sous les puiſſans efors du bras qui les terraſſe.

Malgré ces vains ſecours qui flatent leur audace
Leur Orgueil abatu gémira ſous vos piez,
Et l'éclat dont en vain ils ſe ſont apuiez
Ne fera qu'agraver leur honteuſe diſgrace.

Mais nous qu'ils inſultoient d'un inſolent mépris,
Reprenant chaque jour nos forces, nos eſprits,
Chaque moment verra croître nôtre courage.

Relevez, afermis par le bras Eternel,
Nos victoires feront éclater l'avantage
Qu'ont de Divins ſecours ſur un apuy mortel.

X^e. REFLEXION.

LE salut des Roix est si important à l'Etat, que les peuples ne peuvent trop le demander à Dieu, & les priéres pour eux sont tellement d'obligation Divine qu'elles se doivent même pour les Rois qui sont privés des veritables lumieres de la foy. Parce que toute puissance élevée au dessus des hommes est de Dieu, & établie par un ordre de sa providence, dans les secrets de laquelle l'homme ne peut ni ne doit point pénetrer. Le Sauveur lui-même en ordonant de rendre à Dieu ce qui lui est dû ordone en même-tems de rendre à Cesar les devoirs qu'exige son Empire, & céte priere pour le salut & la conservation du Souverain est un de ces devoirs, mais si céte priere est duë même pour les Princes infideles, de quelle ardeur, de quel zele ne devons nous point prier lors que Dieu met sur le Thrône un Roy selon son cœur, qu'il en fait le Protecteur des Autels, le refuge des oprimez, le pere de son peuple, & un modele acompli de toutes les vertus. *Et ego primogenitum ponam illum excelsum præ Regibus terræ.* J'en feray mon fils aîné, & je l'éleveray par dessus tous les Roix de la terre. Prions donc sans cesse pour le salut & la gloire d'un Roy également grand & également bon.

10

Domine salvum fac Regem, & exaudi nos in die qua invocaverimus te.

SONNET.

Seigneur sauvez le Roy, qu'une tête si chére
Soit le plus tendre objet de vos soins amoureux
Vous qui parmi les Rois pour l'elever sur eux,
L'avez sçu distinguer d'un si haut caractére.

Qu'en vain des nations la fureur étrangere
Unisse contre luy des ennemis nombreux,
Qu'en vain pour exciter des troubles dangereux
L'Enfer cherche à semer une discorde amere.

Qu'au milieu des perils il trouve son salut,
Ses jours sont en vos mains, & sa gloire est le but
Des voeux qu'en sa faveur vous ofrent les fideles.

Que vôtre bras puissant soit par tout son apuy
Et quand nous invoquons vos graces éternelles
Exaucez des soupirs que nous poussons pour luy.

Permis d'imprimer. Fait ce 13. Juin 1699.
Signé, D'ARGENSON.

De l'Imprimerie de la veuve de Claude Mazuel, sur le Pont S. Michel à la Levrette.

58

www.ingramcontent.com/pod-product-compliance
Lightning Source LLC
LaVergne TN
LVHW052021160826
845678LV00003B/1157

* 9 7 8 2 3 2 9 6 4 4 3 7 0 *